Inhalt

Gastronomie - Neue Strategien und Fußball-WM 2006 sollen in Deutschland für Aufschwung sorgen

Kernthesen

Beitrag

Fallbeispiele

Zahlen und Fakten

Weiterführende Literatur

Impressum

GENIOS BranchenWissen Nr. 10/2005 vom 14.10.2005

Gastronomie - Neue Strategien und Fußball-WM 2006 sollen in Deutschland für Aufschwung sorgen

Autor GENIOS BranchenWissen: I.Zeilhofer-Ficker

Kernthesen

- Seit der Euro-Umstellung hat die deutsche Gastronomie mit Umsatzrückgängen zu kämpfen, nun erhofft sie sich durch die WM 2006 neuen Aufschwung.
- Der Trend geht weg von den traditionellen Gaststätten hin zu den billigen Fast-Food-Ketten oder aber zu qualitativ hochwertigen und hochpreisigen Nobelrestaurants.
- Zum Überleben im heutigen Umfeld muss

sich ein Gastwirt durch ein individuelles und innovatives Qualitätsangebot auszeichnen, dessen Preis-Leistungs-Verhältnis transparent und ausgewogen ist.

Beitrag

Schon drei Jahre hintereinander sinken die Umsätze von Deutschlands Gastwirten. Von der Rückbesinnung auf Qualität und Regionalität sowie von innovativen Ideen erhofft man sich nun die Wende und für 2006 setzt man große Erwartungen in die Fußball-Weltmeisterschaft.

Gaststätten im Tal der Tränen

In den drei vergangenen Jahren meldeten Deutschlands Gastronomen stets sinkende Umsätze. Neben der anhaltenden Konjunkturflaute haben vor allem massive Preiserhöhungen im Zuge der Euro-Umstellung die Lust am Restaurant- oder Kneipenbesuch vermiest. 1993 gab noch jeder Deutsche im Durchschnitt 435 Euro für Essen und Trinken außer Haus aus, 2003 war dieser Betrag schon auf 351 Euro im Jahr gesunken. Mittlerweile dürften die Durchschnittsausgaben noch niedriger sein, meldete doch die deutsche Gastronomie für das

Jahr 2004 Umsatzeinbußen von 3,4 Prozent zum Vorjahr auf nur noch 32,6 Milliarden Euro. Und auch die Umsätze für die ersten sieben Monate des Jahres 2005 sanken nochmals um 1,9 Prozent. (1), (2), (3), (4)

Trotz der schwierigen finanziellen Situation der Hoteliers und Gastwirte ist das Gastgewerbe mit rund einer Million Mitarbeitern wichtiger Arbeitgeber. Vor allem junge Menschen finden hier eine Zukunftsperspektive durch einen Ausbildungsplatz. Mit mehr als 97 000 Auszubildenden stellt das Gastgewerbe rund sieben Prozent aller Ausbildungsplätze in der BRD. Reich wird man hier aber kaum mit tariflichen Durchschnittsgehältern von 1 158 Euro im alten Bundesgebiet und 1 075 Euro in den neuen Bundesländern befindet sich das Gaststättenpersonal am unteren Ende der Verdienstskala. (6), (7), (8)

Ein Indikator dafür, dass sich die Situation langsam entspannt, dürfte in der Tatsache zu sehen sein, dass trotz schlechter Ertragslage 32 000 neue Stellen geschaffen wurden, viele davon allerdings als 400-Euro-Jobs für Geringverdiener. (5)

Fußball-WM 2006 soll neuen

Schwung bringen

Für 2006 setzt man große Erwartungen auf die Fußball-Weltmeisterschaft, durch die man rund drei Milliarden Euro Mehreinnahmen für die Hotels und Gaststätten erwartet. Der typische WM-Gast ist männlich, 30 bis 50 Jahre alt und seine Zahlungsbereitschaft gilt als relativ hoch. Man rechnet mit einer durchschnittlichen Aufenthaltsdauer von zehn Tagen. Insbesondere im benachbarten Großraum um die WM-Stadien geht es dabei um viele Millionen Euro für den Gastronomiebereich. Mit Live-Übertragungen der Spiele auf Großbildleinwänden hofft man deutschlandweit die Sportbegeisterten in die Gaststätten zu locken und auch längere Öffnungszeiten in Biergärten und Straßenlokalen sollen die Umsätze beleben. (3), (5), (6)

Die Marktentwicklung

Die Geiz ist geil Bewegung hat insbesondere auch die Gastronomen getroffen. Billige Fast Food Ketten wie Burger King und McDonalds melden nach wie vor Zuwächse (3,9 Prozent 2004), während es den traditionellen Gaststätten immer schlechter geht. Nicht nur die amerikanischen Ketten ziehen die

Kunden an, auch die Möbelhaus-Restaurants locken immer mehr Besucher mit Angeboten, die kaum Kosten deckend sein können. Wie sich die Umsätze der Systemgastronomen im Einzelnen entwickelt haben, sehen Sie unter Abbildung 1. (1), [Abb.1]

Auf der anderen Seite können die Spitzen-Restaurants ebenfalls nicht über Besuchermangel klagen und die gehobene Gastronomie berichtet über solide Auslastung und gute Ertragssituation. Kleine und mittlere Gaststätten, die oft als Familienbetriebe geführt werden, haben dafür die meisten Probleme. Hier zeigt sich am deutlichsten, dass sich kaum noch Kunden mit Industriegerichten aus der Tiefkühltruhe von zu Hause weg locken lassen. Qualität und Frische sind gefragt und ein ausgewogenes Preis-Leistungs-Verhältnis wird honoriert. Der momentane Trend zu Gesundheit und Wellness ist in der Bevorzugung von Restaurants, die eine leichte und gesundheitsbewusste Küche anbieten, erkennbar. (1), (9)

Erfolgreiche Strategien zur Kundengewinnung

Wie in jeder anderen Branche auch, liegt der Schlüssel zum Erfolg in der Gastronomie im Eingehen auf die Wünsche und Vorstellungen der Kunden. Einige Trends sind feststellbar, die erfolgreiche Gastronomen für sich nutzen konnten.

Der schnelle Imbiss

Zeit wird für viele Menschen immer kostbarer. In der kurzen Mittagspause besorgt man sich irgendwo einen schnellen Snack, wie die steigenden Umsatzzahlen der Fast Food Restaurants beweisen. Wollen Gastwirte am Mittagsgeschäft teilhaben, müssen sie ihre Abläufe so gestalten, dass der Gast bei hoher Qualität der angebotenen Speisen schnell bedient, versorgt und wieder abkassiert ist. Muss jemand seine Mittagspause überziehen, weil die Bedienung nicht schnell genug war, wird er kaum ein zweites Mal kommen. (9)

Das Preis-Leistungs-Verhältnis

Kunden reagieren heutzutage wesentlich empfindlicher auf schlechte Qualität. Serviert ein Restaurant vorwiegend Einheitsgerichte, die zum Großteil mit aromatisierten Fertigprodukten der Nahrungsmittelindustrie angerührt werden, wird die Stammkundschaft sicher bald ausbleiben. Die

Kunden sind zwar heutzutage äußerst Preis sensibel, allerdings darf der niedrige Preis keinesfalls zu Lasten der Qualität erreicht werden. Nach wie vor erwartet der Kunde frisch Gekochtes, das mit möglichst gesunden und hochwertigen Produkten hergestellt wurde. Nicht der Niedrigpreis sondern ein angemessenes, transparentes Preis-Leistungs-Verhältnis sind gefragt. (1), (9), (10)

Das Ambiente

Fast alle Kunden erwarten von einem Restaurant ein schönes, ansprechendes Ambiente, das dem Speisenangebot gerecht wird. Eine individuelle, kreative Ausstattung ist sicher kein Fehler, solange die Gäste sich darin wohl fühlen. Wichtig ist aber auch der gepflegte Service, das heißt freundliches, gut ausgebildetes Personal, dem das Wohl des Gastes am Herzen liegt. (16)

Zugpferd: Regionale Gerichte

Während in städtischen Gebieten die panasiatischen Restaurants am beliebtesten sind, steigt in ländlichen Gebieten die Nachfrage nach traditionellen deutschen Gerichten. Ob die Aktionen nun Schmeck den Süden oder Nordische Tafelfreuden heißen ist egal alle Gastwirte die verstärkt regionale Gerichte anbieten, sind äußerst erfolgreich. Fast vergessene Rezepte entwickeln sich zu Rennern auf den Speisekarten, in manchen Restaurants bestellen bis zu 70 Prozent der Gäste die traditionellen Gerichte der Region. Schwierig gestaltet sich allerdings die Versorgung mit den lokalen Lebensmitteln, da erst wenige Landwirte auf die Belieferung der Gastronomie eingestellt sind. (10), (11), (12)

Zugpferd: Rauchfreie Zone?

Obwohl sich viele Deutsche eine rauchfreie Kneipe kaum vorstellen können, ist nicht unwahrscheinlich, dass gerade ein Rauchverbot mehr Gäste in die Lokale ziehen könnte. Darauf deuten zumindest die Erfahrungen in USA und Schweden hin, wo ein Rauchverbot in Restaurants und Kneipen zu höheren Umsätzen geführt hat. (14), (15)

Zugpferd: Attraktionen

Menschen lieben Überraschendes und erleben gerne

Neues. Restauranttheater wie Pomp, Duck and Circumstance oder Witzigman Palazzo sind nach wie vor auf Monate im voraus ausgebucht. In Zürich ist das Restaurant Widder nicht nur Feinschmecker-Treffpunkt, sondern außerdem durch monatliche Live-Auftritte von Jazz-Größen bei Musikfans ein Geheimtipp. Auch der kostenlose Limousinen-Service per Maserati kommt bei den Gästen ausgesprochen gut an. Exotische Ideen sind also gefragt. (2), (13)

Zugpferd: Sport

Liveübertragungen von Sportereignissen auf Großbildleinwänden, die so etwas wie Stadionatmosphäre erzeugen, haben schon vielfach Gäste angelockt und insbesondere im Hinblick auf 2006 wird so mancher Gastronomiebetrieb noch fernsehtechnisch aufrüsten, um von den ausverkauften Stadien zu profitieren und den Gästen ein "live-ähnliches" Erlebnis in angenehmer Atmosphäre zu bieten. (19)

Fallbeispiele

Ambiente

Das Restaurant von Sterne-Koch Manfred Schwarz in Heidelberg wurde kürzlich zum Restaurant des Jahres gekürt. Die Gebäude-Stahlkonstruktion des früheren Vorstandscasinos wurde mit Nussbaummöbeln und Stoffen in Erdtönen sowie Lichteffekten und Kunstobjekten zu einem stimmungsvollen Ambiente umgestaltet, in dem sich Gäste zum Business-Lunch aber auch zum Gourmet-Dinner gerne einfinden. (16)

Attraktionen

Die Starbucks-Cafés sind mittlerweile in Deutschland zum Begriff geworden. Nicht nur die vorzüglichen Kaffee-Spezialitäten locken Kunden in die Filialen, auch die zum Verkauf angebotenen Musik-CDs erwiesen sich als Verkaufsschlager. Die Möglichkeit, eine eigene Auswahl an Musiktiteln auf CD zu brennen, wurde bisher allerdings nicht so gut angenommen. (17)

Sport

Fußballstadien werden mittlerweile von vielen Unternehmen "geschäftlich" genutzt als wichtiger Ort zur Business-to-Business Kontaktpflege. Der Mix aus Fußball, interessantem Ambiente und lockerer Atmosphäre führte in der vergangenen Saison zu einer Auslastung der VIP-Plätze von 83,5 Prozent. Gefragt ist hier der Standard einer "Edelgastronomie". Großes Potenzial ist allerdings noch im unteren und mittleren Segment. In der Premier League wird beispielsweise pro Spiel viermal so viel ausgegeben. Es gilt hier neben einer leistungsfähigen Gastronomie mehr Komfort anzubieten, um die Verweildauer in den Stadien zu erhöhen. (18)

Fußball-WM 2006

Auf dem Esslinger Marktplatz soll zur Fußball-WM gar eine Art "Südkurve" samt einer Großbildleinwand errichtet werden, inklusive VIP-Bereich in den Firmen ihre Geschäftspartner einladen können. Davon sollen insbesondere auch die regionale Gastronomie profitieren. (19)

Zahlen & Fakten

Top Systemgastronomen 2003-2004

Unternehmen	Vertriebslinien	Umsatz 2004 in Mio	Umsatz 2003 in Mio	Betriebe 2004 Anzahl	Betriebe 2003 Anzahl
McDonald's Deutschland Inc.	McDonald's	2.304,70	2.270,00	1.262	1.244
LSG Lufthansa Service Holding AG 3)	LSG	712,00	727,00	44	44
Burger King GmbH	Burger King	561,20	504,00	439	404
Autobahn Tank & Rast Holding GmbH 4)	T & R Raststätten	616,20	498,00	392	395
Nordsee Fisch-Spezialitäten GmbH	Nordsee	292,00	296,90	369	367
Metro AG	Dinea, Grillpfanne, Axxe, Metro C&C et cetera	248,00	232,00	279	291
Karstadt Quelle AG	Karstadt, Le Buffet, Starbucks	247,70	253,60	216	212
Aral AG	Petit Bistro	150,00	132,00	1.243	1.134
Mövenpick Gesellschaften in Deutschland	Mövenpick, Marche, Mövenpick-Hotelrest	130,80	126,90	45	38
YUM! Restaurants Intl. Ltd. & Co. KG	Pizza Hut, KFC	125,00	122,40	118	123
Ikea Deutschland GmbH & Co. KG	Ikea-Gastronomie	122,20	100,00	34	32
Mitropa GmbH	Bahnhof, Strasse: Gastro & Handel	115,60	120,00	252	254
andere		2.752,90	2.681,10	9.980	9.593
Top 100 insgesamt		**8.378,30**	**8.063,90**	**14.673**	**14.131**

3) keine gastronomietypische Absatzsituation

4) Geschäftsjahr nicht mit Kalenderjahr identisch, 30.09.

Quelle: Food Service

Entnommen aus: Lebensmittel-Zeitung, 09/2005, S. 68

Weiterführende Literatur

(1) Burger statt Sauerbraten mit Kartoffelbrei
aus Bonner General-Anzeiger, 06.08.2005, S. 26

(2) Wie Berliner Gastronomen der Branchenkrise durch sinkende Umsätze begegnen Gute Ideen in schlechten Zeiten
aus Die Welt, Jg. 60, 14.02.2005, Nr. 37, S. 33

(3) "Die Stimmung hellt sich langsam auf"
GASTGEWERBE
aus Bonner General-Anzeiger, 19.05.2005, S. 22

(4) Kneipen leiden unter Flaute GASTGEWERBE
aus Bonner General-Anzeiger, 08.09.2005, S. 22

(5) Gastgewerbe hofft auf Fußball Stimmung hat sich aufgehellt / Umsatz soll 2005 wieder klettern
aus Frankfurter Rundschau v. 19.05.2005, S.9, Ausgabe: S Stadt

(6) Gastgewerbe erwartet Boom von WM 2006 Vereinigung fordert Politik zu Lockerung der Sperrzeiten auf
aus Financial Times Deutschland vom 19.05.2005, Seite 14

(7) Azubi-starkes Gastgewerbe

aus Food Service Nr.06 vom 14.06.2005 Seite 007

(8) 4,96 Euro die Stunde
aus Darmstädter Echo, 27.08.2005

(9) Fokus: Frische & Preis
aus NGZ - Der Hotelier 05 vom 03.09.2005 Seite 062

(10) Einen Teller Heimat, bitte!
aus Der Gastronom Nr. 04 vom 30.07.2005 Seite 013

(11) Zurück an die heimischen Töpfe
aus Frankfurter Allgemeine Zeitung, 06.08.2005, Nr. 181, S. 12

(12) Gemeinsam auf regional geschaltet
aus gv praxis 09 vom 13.09.2005 Seite 024

(13) Aus "9" mach "1"
aus NGZ - Der Hotelier 04 vom 18.06.2005 Seite 048

(14) Rauchverbot auf der eigenen Terrasse
aus Neue Zürcher Zeitung, 13.08.2005, Nr. 187, S. 71

(15) Rauchfreie Kneipen sorgen für Zulauf Nach dreimonatigem Rauchverbot sind in Schweden auch die Gastwirte zufrieden: Es kommen sogar mehr Gäste
aus taz, 19.09.2005, S. 7

(16) Kochen auf höchster Ebene
aus Der Gastronom Nr. 04 vom 30.07.2005 Seite 037

(17) Ein Herz für die lokale Community
aus HORIZONT 28 vom 14.07.2005 Seite 022

(18) Champagner und Hummer statt Würstel
aus werben & verkaufen Nr. 14 vom 07.04.2005 Seite 020

(19) Fankurvenatmosphäre auf dem Marktplatz
aus Stuttgarter Zeitung, 28.09.2005, S. 26

Impressum

Gastronomie - Neue Strategien und Fußball-WM 2006 sollen in Deutschland für Aufschwung sorgen

Bibliografische Information der deutschen Nationalbibliothek

Die Deutsche Nationalbibliothek verzeichnet diese Publikation in der deutschen Nationalbibliografie; detaillierte bibliografische Daten sind im Internet über http://dnb.d-nb.de abrufbar.

ISBN: 978-3-7379-2937-0

© 2015 GBI-Genios Deutsche Wirtschaftsdatenbank GmbH, Freischützstraße 96, 81927 München, www.genios.de

Alle Rechte vorbehalten. Dieses Werk ist einschließlich aller seiner Teile – z.B. Texte, Tabellen und Grafiken - urheberrechtlich geschützt. Jede Verwertung außerhalb der Grenzen des Urheberrechtsgesetzes bedarf der vorherigen Zustimmung des Verlags. Dies gilt insbesondere auch für auszugsweise Nachdrucke, fotomechanische Vervielfältigungen (Fotokopie/Mikroskopie), Übersetzungen, Auswertungen durch Datenbanken oder ähnliche Einrichtungen und die Einspeicherung und Verarbeitung in elektronischen Systemen.